BEI GRIN MACHT SICH IHR WISSEN BEZAHLT

- Wir veröffentlichen Ihre Hausarbeit,
  Bachelor- und Masterarbeit

- Ihr eigenes eBook und Buch -
  weltweit in allen wichtigen Shops

- Verdienen Sie an jedem Verkauf

Jetzt bei www.GRIN.com hochladen
und kostenlos publizieren

Bibliografische Information der Deutschen Nationalbibliothek:

Die Deutsche Bibliothek verzeichnet diese Publikation in der Deutschen National-bibliografie; detaillierte bibliografische Daten sind im Internet über http://dnb.d-nb.de/ abrufbar.

Impressum:

Copyright © 2017 GRIN Verlag
Druck und Bindung: Books on Demand GmbH, Norderstedt Germany
ISBN: 9783346044389

Sinan Henjakovic

Die Weltbevölkerung wächst. Wie kann in der Zukunft die Ernährung der Menschen sichergestellt werden?

GRIN Verlag

GRIN - Your knowledge has value

Der GRIN Verlag publiziert seit 1998 wissenschaftliche Arbeiten von Studenten, Hochschullehrern und anderen Akademikern als eBook und gedrucktes Buch. Die Verlagswebsite www.grin.com ist die ideale Plattform zur Veröffentlichung von Hausarbeiten, Abschlussarbeiten, wissenschaftlichen Aufsätzen, Dissertationen und Fachbüchern.

Besuchen Sie uns im Internet:

http://www.grin.com/

http://www.facebook.com/grincom

http://www.twitter.com/grin_com

Sinan Henjakovic, 10 F

Carl-von-Weinberg-Schule

Fach: GL

Abgabedatum: 23.10.2017

Im Rahmen der Realschulabschlussprüfung

Die Weltbevölkerung wächst – Wie kann in der Zukunft die Ernährung der Menschen sichergestellt werden?

Inhalt

Forscherfragen:

1) Welche Rolle spielen Klima, Krieg und Bevölkerungsentwicklung bei der Hungersnot?

2) Was können die Industrienationen zur Bekämpfung des Hungers in der Welt beitragen?

3) Wie kann in der Zukunft die Ernährung der Menschen sichergestellt werden?

1. Einleitung

„Hunderte von Millionen Tonnen Nahrungsmitteln auf einem Planeten zu verbrennen, wo alle fünf Sekunden ein Kind verhungert, ist ein Verbrechen gegen die Menschlichkeit"[1]

Die Hungersnot ist neben Krieg und Terrorismus wahrscheinlich das aktuellste Thema der heutigen Zeit. Meiner Meinung nach sollte jeder Mensch Zugang zu sauberem Wasser und ausreichend Nahrung haben. Die Hungersnot ist ein ernstzunehmendes Thema, über das wir noch nicht genug wissen. Um dies zu ändern, habe ich mich für dieses Thema entschieden. Ungefähr 795 Millionen Menschen hungern derzeit, meist in Entwicklungsländern[2]. Wie kam es dazu und wie kann man den Welthunger beenden? Liegt es an unserer verschwenderischen Kultur, die Jean Ziegler erwähnte oder doch daran, dass die Wirtschaft nicht mit der Nachfrage an Lebensmitteln mithalten kann? Werden wir mit Hilfsorganisationen und Spenden unser angestrebtes Ziel erreichen oder muss man tatsächlich zur Gentechnik oder Ähnlichem greifen? Mit diesen und anderen Fragen befasst sich die folgende Hausarbeit. Die Hausarbeit ist in zwei Teile aufgeteilt. Im ersten Teil wird es hauptsächlich um die Problematisierung gehen, also wie es zu weltweiten Hungersnöten gekommen ist und welche Länder momentan am schwersten davon betroffen sind. Im zweiten Teil folgen dann unter anderem die Methoden, mit denen man den Hunger endgültig stoppen könnte und welche Organisationen wie viel zur Bekämpfung dieses Problems beitragen.

Das Ziel der Hausarbeit ist es die momentane Lebenssituation von Menschen in der „dritten Welt" zu veranschaulichen, sowie etwas in die Zukunft zu blicken um möglicherweise Prognosen aufzustellen.

Ich werde nicht auf den absichtlichen Nahrungsentzug (Hungerstreiks, Magersucht, etc.) eingehen, da dies nichts mit einer Hungersnot zu tun hat.

2. Problematisierung

Der Hunger hat sich seit 1990 ziemlich verringert, er ist aber immer noch da und zurzeit hungert jeder neunte Mensch auf der Erde.

Bei Hungersnöten muss grundsätzlich zwischen dem strukturellen Hunger, der durch wirtschaftliche Unterentwicklung und der extremen Armut in der Gesellschaft hervorgerufen wird, sowie dem konjunkturellen Hunger, welcher durch die schlagartige Verschlechterung der Versorgungssituation entsteht, unterschieden werden.

---

[1] Gutzitiert, Hungerzitate
[2] Entwicklungsländer - Land, bei dem die Mehrzahl seiner Bewohner aufgrund der wirtschaftlichen und sozialen Bedingungen einen niedrigeren Lebensstandard hat.

Es wird auch zwischen der Unterernährung (Kalorienmangel) und der Mangelernährung (Mikronährstoffmangel) unterschieden.

Der Begriff Agrarindustrie wird häufiger vorkommen und er ist ein Synonym für einen Industriezweig, der sich mit der Herstellung und Weiterverarbeitung landwirtschaftlicher Produkte befasst. Insgesamt existieren drei Betroffene-Gruppen: Die arme Landbevölkerung, die arme Stadtbevölkerung und die Katastrophenopfer. Ich werde mich hauptsächlich mit der armen Landbevölkerung beschäftigen, der Mehrheit der Hungernden, die in der südlichen Hemisphäre[3] lebt und nur selten Zugang zu Elektrizität und Trinkwasser hat. Gesundheitsdienste sowie Bildungsinstitutionen und Sanitäranlagen sind überwiegend nicht vorhanden.

2.1 Bevölkerungsentwicklungen

Die Bevölkerung auf unserer Erde nahm in den letzten Jahren rasant zu. Sollte dies nicht augenblicklich geändert werden, prognostizieren Studien, dass die Bevölkerung im Jahr 2100 11,2 Milliarden Menschen betragen wird. Die größten Veränderungen gibt es momentan in Länder, wo die regelmäßige Nahrungszufuhr sowieso schon ein enormes Problem darstellt.

Die größte Ursache für das Wachstum der Menschen in Entwicklungsländern ist vermutlich die Verhütungsmittelkrise und die fehlende Sexualaufklärung, die viele ungewollte Schwangerschaften mit sich führen.

Ein gutes Beispiel wäre Afrika: Aufgrund der Verhütungsmittelkrise wächst dort momentan die Bevölkerung am schnellsten und bis zum Ende des Jahrhunderts soll sich die afrikanische Bevölkerung vervierfacht haben.

Noch ein Grund für das stetige Wachsen der Bevölkerung ist, dass die Medizin und die Technik mit der Zeit immer besser werden und somit die Alterserwartung in den entwickelten Ländern steigt.

2.2 Hungerhotspots

Zurzeit leben 98% bis 99% der weltweit Hungernden in Entwicklungsländern und am meisten betroffen sind Asien und der Pazifikraum. Laut des UNDP[4] gab es 2011 in Indien im Verhältnis zu seiner Bevölkerung die meisten unterernährten Personen der Welt. Mehr als ein Drittel der weltweit Hungernden befinden sich in Indien, das sind mehr als in ganz Subsahara-Afrika[5] zusammen.

Diese weiteren Gebiete und Staaten sind vom Hunger betroffen: Subsahara Afrika, Lateinamerika, die Karibik, der nahe Osten und Nordafrika.

---

[3] südliche Hemisphäre - Teil der Erde, der unter dem Äquator liegt
[4] UNDP - United Nations Development Programme
[5] Subsahara-Afrika - Länder die geographisch gesehen unter der Sahara liegen

2.3 Ursachen von Hungersnöten

Es gibt eine Menge Ursachen, die eine große Rolle bei Hungersnöten spielen.

Eine der größten Ursachen, die zum Hunger beitragen, sind Naturkatastrophen wie Hurrikans, Überschwemmungen oder auch Schädlingsbefall, dadurch entstehen täglich unzählige konjunkturelle Hungersnöte. Das stetig steigende Klima trägt auch enorm zu Hungersnöten bei, da rund 44% des weltweiten Ackerbodens vertrocknet sind und zur gleichen Zeit Gletscher schmelzen und Sturmfluten verursachen. Bauern könnten Schädlinge zwar mit Pestiziden bekämpfen, würden aber gleichzeitig ihre Ernte vergiften, weshalb Schädlingsbekämpfungsmittel oft keine Alternative darstellen.

Kriege sind ein Thema, welches man auch berücksichtigen sollte, falls man sich mit dem Hunger beschäftigt. Das verdeutlicht das Beispiel Irak sehr stark: Am 02.08.1990 ließ Saddam Hussein seine Truppen in das benachbarte Kuweit einmarschieren.

Die UN forderte daraufhin einen sofortigen Rückzug und stellte ein Ultimatum, welches nicht eingehalten wurde. 2003 griff schließlich Amerika den Irak an.

Nach und nach begann der Sanktionsausschuss[6] immer häufiger die Einfuhr von lebenswichtigen Gütern zu verweigern. Letztendlich verhungerten dutzende Iraker aufgrund des Sanktionsausschusses der vereinten Nationen.

Ein anderer Grund für den strukturierten Hunger stellt die Nutztierwirtschaft dar. Tiere benötigen, wie wir Menschen auch, Nahrung und Wasser. Diese Nahrung wird meistens auf Ackern in Entwicklungsländern angebaut, weil dort der Boden um einiges günstiger ist als in Industrieländern. Mit der immer größer werdenden Erdbevölkerung steigt auch die Nachfrage nach Fleisch. Um mehr Platz für Nahrung zu schaffen werden täglich tausende Hektar Regenwald gerodet, wo man aber auch Weizen oder Mais für Hungernde in Nachbarstaaten anbauen könnte. „82% der Weltweit hungernden Kinder leben in Ländern, in denen Nahrungsmittel an Vieh verfüttert wird, dass dann geschlachtet wird und von den Wohlhabenderen [...] gegessen wird."[7]

In Ländern wie Brasilien werden große Mengen an Nahrung für den Export hergestellt. Gleichzeitig hungert die eigene Bevölkerung. Es werden Regenwälder abgeholzt um Sojabohnen anzubauen, die dann an Tiere statt Menschen verfüttert werden.

George W. Bush hat das Programm der Biotreibstoffe in die Wege geleitet um den Klimawandel zu verlangsamen. Es hat sich herausgestellt, dass Biodiesel und Bioethanol mindestens genauso schlimm für die Umwelt sind wie fossile Treibstoffe. Bioethanol wird aus Zuckerrüben, Zuckerrohr, Mais und Weizen hergestellt. Man könnte zwar meinen, dass es kein Problem sei Zuckerrohr zu verarbeiten, da man es sowieso nicht essen könne, aber der Anbau

---

[6] Sanktionsausschuss - Eine ausgewählte Personengruppe für besondere Aufgaben aus einer größeren Gemeinschaft
[7] Cowspiracy (2014); Dr. Richard Oppenlander

von Zuckerrohr nimmt so viel Ackerfläche weg, sodass Nahrung für viele Hungernde nicht mehr angebaut werden kann. Es ist ein Fakt, dass heutzutage Nahrung für Menschen verwendet wird um Treibstoff herzustellen.

Börsenspekulationen verursachen eher indirekt konjunkturellen Hunger, da sie nur Güterpreise in die Höhe treiben und sich somit ärmere Bevölkerungsschichten keine Nahrung mehr kaufen können. Börsenspekulanten arbeiten häufig mit Saatgut, Boden, Dünger, Krediten und Lebensmitteln.

Preise erhöhen sich, wenn man von bestimmten Produkten weniger anbieten kann, als gefragt ist und die Preise fallen, wenn es mehr Waren gibt, als gefragt sind. Einige globale Lebensmittelhändler haben viel Macht und Einfluss und so können diese Preisentwicklungen künstlich beeinflusst werden.

Staaten sind in solchen Situationen oft nicht mehr zahlungsfähig und es kommt zu einer konjunkturellen Hungerskrise.

Ausnahmezustände wie die Nahrungsmittelkrise von 2007/2008, die eine Vielzahl von Ursache hatte, verstärken natürlich die globale Hungersnot, aber auch Auslandsschulden von finanzschwachen Staaten können zu einer solchen Krise führen. Einige Länder der „dritten Welt" werden von mächtigen Organisationen und Institutionen wie der Weltbank[8], der WHO[9] oder der IWF[10], gezwungen einseitige Lebensmittel für den Export herzustellen. Auf Dauer sind diese Länder nicht fähig ausreichend Nahrung für sich selbst zu produzieren.

2.4 Das Recht auf Nahrung

„Das Recht auf Nahrung ist das Recht, unmittelbar oder durch finanzielle Mittel einen regelmäßigen, dauerhaften und freien Zugang zu einer qualitativ und quantitativ ausreichenden Nahrung zu haben, die den kulturellen Traditionen des Volkes entspricht, dem der Verbraucher angehört, und die ein physisches und psychisches, individuelles und kollektives, befriedigendes und menschenwürdiges Leben ermöglicht, das frei ist von Angst."[11] Das Recht auf Nahrung wird auf unserer Erde, von allen Menschenrechten, mit Abstand am meisten und grausamsten verletzt. Die WHO hat ein Richtwert von 2200 Kilokalorien für Erwachsene und 1600 Kilokalorien für Kinder festgelegt. Zurzeit können fast 800 Millionen Menschen diesen Richtwert nicht erreichen, da sie nicht mit ausreichend vielen Lebensmitteln versorgt werden.

Man sagt, dass die Feinde des Rechts auf Nahrung, transkontinentale Privatkonzerne sind, da sie einen enormen Einfluss auf die westlichen Regierungen haben.

---

[8] Weltbank - In Washington D.C. angesiedelte Entwicklungsbank
[9] WHO - Weltgesundheitsorganisation
[10] IWF - Internationaler Währungsfonds
[11] Ziegler, Jean; *Wir lassen sie verhungern* (2011); S.25

Die USA hat beispielsweise den Internationalen Pakt Nr.1 Artikel 11[12] nicht unterzeichnet. Andere westliche Staaten sind zwar beigetreten, möchten aber die Justiziabilität des Rechts auf Nahrung nicht anerkennen.[13]

3. Problemlösung

Im ersten Teil kann man sehen wie ernst es um die Hungernden steht. Die Frage ist nun wie wir die ganze Situation verbessern können. Eines steht fest: Die Agrarwirtschaft muss verändert werden. Theoretisch sind alle Länder Entwicklungsländer, wenn der Maßstab die neuen Nachhaltigkeitsziele ist. Das bedeutet, dass sogar Industriestaaten sich ändern müssen um den Hunger in Entwicklungsländern zu beenden. Im Weißen Haus findet man jedoch, dass nur der freie Markt die Geißel besiegen kann. „Sobald man die Produktivität der Weltlandwirtschaft [...] maximal gesteigert habe, sei der Zugang zu angemessener, ausreichender und regelmäßigen Nahrung automatisch gesichert."[14]

3.1 Methoden zur Hungersnotbekämpfung

Um den Hunger zu bekämpfen gibt es viele Wege. Die Industriestaaten könnten beispielsweise die Viehwirtschaft einschränken, Börsenspekulationen, Biotreibstoffe aus Nahrungspflanzen und Land Grabbing[15] verbieten. Die Bevölkerung selbst könnte sich aber auch etwas mehr beteiligen, denn wenn sich viele Personen dazu entscheiden würden vegan zu leben, müsste man weniger Nutztiere mästen. Somit könnte man sich das Futter und den Acker sparen auf dem Mais, Getreide oder Hülsenfrüchte angebaut wurden. Man könnte nun wieder Wald wachsen lassen oder Nahrung für Hungernde anbauen. Falls sich die Bevölkerung doch nicht überwinden kann, könnte man auch einfach die Mehrwertsteuer für tierische Produkte erhöhen.

Außerdem könnten Entwicklungsländer, statt in den Lebensmittelimport zu investieren, in den Lebensmittelanbau investieren, also in Dünger, Saatgut, Wasser und Werkzeuge.

Eine andere Methode für die Hungerbekämpfung wäre pflanzenbasiertes Fleisch statt tierisches Fleisch zu produzieren, da es weniger Aufwendig und kostengünstiger ist.

Das Ziel der Gentechnik ist es, in unserem Fall, Pflanzen gentechnisch zu verändern um eine größere Ernte auf einer kleineren Fläche zu erzielen. Das scheint die Gentechnik zu befürworten, trotzdem ist ein Großteil der Bevölkerung skeptisch.

---

[12] Internationaler Pakt über wirtschaftliche, soziale und kulturelle Rechte
[13] vgl. Ziegler, Jean; *Wir lassen sie verhungern* (2011); S.139
[14] Ziegler, Jean; *Wir lassen sie verhungern* (2011); S.146
[15] Land Grabbing - illegale Aneignung von Agrarflächen

Grund dafür ist, dass sich die Gene auf andere Pflanzen übertragen können und man nicht weiß was sie in einem menschlichen Körper anrichten.

Seit Anfang des 20. Jahrhunderts steigen die Agrarpreise stetig an, da die Nachfrage größer als das Nahrungsmittelangebot ist. Man könnte diesen Trend stoppen, indem man bessere Pflanzen züchten würde, die eine größere Ernte von sich geben.

Biotreibstoffe die heute noch aus Nahrung bestehen, könnte man in der Zukunft aus Holzspänen oder anderen Pflanzen herstellen, die sogar auch auf ausgetrocknetem Acker wachsen.

Die FAO stellte vor kurzem fest, dass wir bereits mehr Fisch aus Zuchtbetrieben verzehren, als aus dem Wildfang. Man könnte solche „Fischfarmen" an den Küsten Afrikas und Indiens errichten und den Fisch ins Landesinnere transportieren. Um vorübergehend sauberes Süßwasser zu haben, könnte FAO kleine Wasserfilter verteilen.

Programme wie „Food for Work" motivieren die Betroffenen. Ihnen werden die verschiedensten Aufgaben gegeben, wie das Ausbessern von Straßen, das Wiederaufbauen von Brücken oder das Renovieren von Schulen und Krankenhäusern. Im Gegensatz erhalten sie statt Geld die notwendigen Naturalien und Lebensmittel. Würde man solche Programme in jedem von Hunger betroffenen Gebiet einsetzen, müsste die Nahrung auch nicht mehr umsonst verteilt werden.

Eine andere Möglichkeit wäre es, District Controller einzusetzen, die für die Hungernden in der jeweiligen Region zuständig sind und darauf achten das niemand verhungert. Indien macht es vor. „Wenn heute in einem der über 6000 Distrikte des Landes ein Mensch verhungert, wird der District Controller sofort abgesetzt."[16]

Zum Schluss will ich noch erwähnen, dass durch eine Ein-Kind-Politik, welche auf der ganzen Welt eingeführt wird, das Weltbevölkerungswachstum etwas reduziert werden kann. Eine andere Möglichkeit, welche die Menschenrechte nicht zu stark verletzt sehe ich in diesem Bereich nicht.

3.2 Beitrag der Organisationen zur Bekämpfung der Hungersnot

Die größten Organisationen die sich der Hungersnot widmen sind die WHO, die WFP[17], der FAO[18], die Weltbank, das IWF, und mehr oder weniger das UNDP.

Die WFP ist zuständig für die humanitäre Soforthilfe, weshalb die meisten Länder ihre Agrarüberschüsse dem WFP überlassen. Dort wird das Geld dann unter anderem für die Bekämpfung konjunktureller Hungersnöte eingesetzt. Die USA hat lange Zeit am meisten gespendet, während die europäischen Abgaben etwas bescheidener waren.

---

[16] Ziegler, Jean; *Wir lassen sie verhungern* (2011); S.169
[17] Welternährungsprogramm der Vereinten Nationen
[18] Ernährungs- und Landwirtschaftsorganisation der Vereinten Nationen

Übrigens bemüht sich das WFP, um Frachtkosten zu senken, Lebensmittel von Bauern in den Regionen zu kaufen, die am nächsten an den Katastrophengebieten liegen.[19] 2001 war die WHO tatsächlich gegen den Plan des WFP, aus Agrarüberschüssen Nahrung kostenlos zu verteilen, mit dem Argument, dass jede Ware ihren Preis haben muss. Sie forderten Programme wie „Food for Work".

Außerdem wurden Krankheiten, wie die schon erwähnte Noma aus unerfindlichen Gründen von der WHO an ihr Regionalbüro Afrika delegiert, obwohl die Krankheit auch in Südasien und Lateinamerika auftrat.[20] „Natürlich haben die Pharmakonzerne, die bei der WHO großen Einfluss besitzen, kein Interesse an der Noma: Die Opfer haben kein Geld."[21]

Die Staatschefs der G8[22] versprachen im Juli 2005 50 Milliarden Dollar bereitzustellen um einen Aktionsplan gegen die Not in Afrika zu finanzieren. 2009 verpflichtete sich die G8 wieder für eine Bereitstellung von 20 Milliarden Dollar für einen Aktionsplan gegen den Hunger. Tatsächlich sind bis zum 31.12.2010 von den versprochenen 50 Milliarden Dollar nur 12 Milliarden bereitgestellt worden um den Hunger in Afrika zu bekämpfen. Bei der Verpflichtung von 2009 der G8- Staaten sind nur 3 Milliarden Dollar geflossen. „If words were food, nobody would go hungry"[23]

Im Großen und Ganzen, kann man sagen, dass die meisten Organisationen definitiv die Mittel dazu haben, die globale Hungersnot endgültig zu beenden. Was ihnen fehlt ist ganz allein der Wille.

3.3 Hunger in 2030 – Ausblick

Wenn jetzt schon fast 800 Millionen Menschen hungern müssen, wie wird es dann 2030 sein? Forscher glauben im Jahr 2030 werden rund 8,55 Milliarden Menschen die Erden besiedeln und sollte man Prognosen glauben, wird der Hunger endgültig besiegt sein. In Europa wird das Durchschnittsalter immer weiter steigen, da Europaweit gesehen immer weniger Kinder zur Welt kommen. In Afrika ist das Gegenteil der Fall. Wissenschaftler vermuten, dass sich bis 2030 der Fleischkonsum verdoppelt hat, wenn es so weiter geht wie bis jetzt. Wenn beispielsweise nur China mit seinen 1,4 Milliarden Einwohnern seinen Fleischkonsum halbieren würde, dann könnte dies eine Verringerung von 1,3 Milliarden Tonnen $CO2$ – Äquivalente[24] bis 2030 bedeuten. Dies würde nicht nur der Umwelt guttun, sondern auch der Landwirtschaft, da es zum Beispiel weniger Vieh geben würde.

---

[19] vgl. Ziegler, Jean; *Wir lassen sie verhungern* (2011); S.182
[20] vgl. Ziegler, Jean; *Wir lassen sie verhungern* (2011); S.91
[21] Ziegler, Jean; *Wir lassen sie verhungern* (2011); S.93
[22] G8 - Gruppe der sieben dominierenden Industrienationen und Russland
[23] Ziegler, Jean; *Wir lassen sie verhungern* (2011); S.83
[24] CO_2 – Äquivalente - Um die Wirkung verschiedener Treibhausgase zu vergleichen, gibt es einen Index, welcher die Erwärmungswirkung von einer bestimmten Menge eines Treibhausgases über einen bestimmten Zeitraum mit denselben Faktoren von CO_2 vergleicht.

Die Agenda 2030 hat im Jahr 2000 auf einer UN-Generalversammlung Millenniumsziele[25] für 2015 beschlossen, die aber nicht alle erfüllt wurden. Aufgrund dieser Tatsache wurden im September 2015 17 neue Ziele von 193 Staaten vereinbart. Man nennt sie „Nachhaltige Entwicklungsziele" (SDGs). Der zweite Punkt auf ihrer Liste fordert, dass der Hunger zu beendet und die Ernährung gesichert wird.

Sie versprechen eine nachhaltige Landwirtschaft zu fördern. Es sollten Erträge aus der Landwirtschaft verdoppelt und stabile Preise sichergestellt werden.

Das bedeutet, dass eine Beendigung des Hungers tatsächlich möglich wäre, man müsste dazu nur den Kleinbauern in dem Mittelpunkt stellen. Man muss langfristig finanzielle Hilfe für die Hungersnotbekämpfung anbieten und die Rechte von Bauern stärken.

3.4 Werden wir Hunger in der Welt endgültig bekämpfen können?

Natürlich, kann man diese Frage nicht beantworten, da man nicht weiß wie sich die Ansichten der Organisationen in der Zukunft wandeln werden. Fest steht, wenn es so weiter geht wie jetzt, dass sich nicht sehr viel ändert wird.

Einzelne Gruppen wie die Welthungerhilfe oder die WFP bemühen sich um jeden Preis den Hunger zu bekämpfen, aber solange Privatkonzerne einen solch großen Einfluss auf die WHO oder die vereinten Nationen haben, werden Menschen weiterhin hungern müssen.

„Die Lösungen sind da, die Waffen zu ihrer Durchsetzung verfügbar. Was vor allem fehlt ist der Wille der Staatengemeinschaft."[26]

4. Zusammenfassung und Fazit

Während der Arbeit an der Hausarbeit habe mir einiges an Wissen über den Hunger aneignet und ich bin froh, dass ich mich für dieses Thema entschieden habe. Ich empfinde es so, als ob das Thema Hungersnot von der Gesellschaft totgeschwiegen wird. Ich verstehe aber nicht warum, denn es   könnte uns genauso treffen.

Meiner Meinung nach sind die Biotreibstoffe und die Nutztierwirtschaft die größten Verursacher von Hunger. Ich bezweifle auch nicht, dass sich Menschen ändern können, aber ich vermute, dass unsere Spezies nie aufhören wird Fleisch zu essen. All diese Punkte zeigen, dass der Hunger auch weiterhin ein Problem bleibt und falls wir so rücksichtslos wie bis jetzt weitermachen, werden sämtliche Lebensmittel früher oder später noch ungerechter verteilt sein und sogar in manchen Gebieten komplett fehlen.

---

[25] Millenniumsziele - Jahrtausendziele
[26] Ziegler, Jean; *Wir lassen sie verhungern* (2011); S.305

Um auf die Frage aus meiner Einleitung einzugehen, ob die Wirtschaft möglicherweise nicht mit der Nachfrage an Nahrung mithalten kann, möchte ich mit Jean Zieglers Worten antworten: „Wenn eine Milliarde Menschen Hunger leiden, liegt es nicht an einer zu geringen Nahrungsproduktion, sondern daran, dass so viele Menschen keinen Zugang zu dieser Nahrung haben."[27]

Es sieht momentan so aus: Zurzeit stellt der Hunger und der Wassermangel ein gigantisches Problem dar und Agrarkonzerne haben einen riesigen Einfluss auf politische Entscheidungen. Die weltweite Bevölkerungszahl nimmt stetig zu und gleichzeitig wird Nahrung für Nutztiere und Treibstoff verschwendet. Organisationen können helfen, sind aber nicht bereit dazu, da sie vom Hunger profitieren.

Der strukturierte Hunger entsteht hauptsächlich durch Menschen und kann nur durch Menschen beseitigt werden. Das Schicksal der Hungernden liegt offensichtlich ganz allein in den Händen der Organisationen.

---

[27] Ziegler, Jean; *Wir lassen sie verhungern* (2011); S.300

5. Anhang

5.1 Bevölkerungsentwicklung

Im folgenden Diagramm ist das Bevölkerungswachstum der letzten Jahre zu sehen. (Quellenangabe nicht möglich)

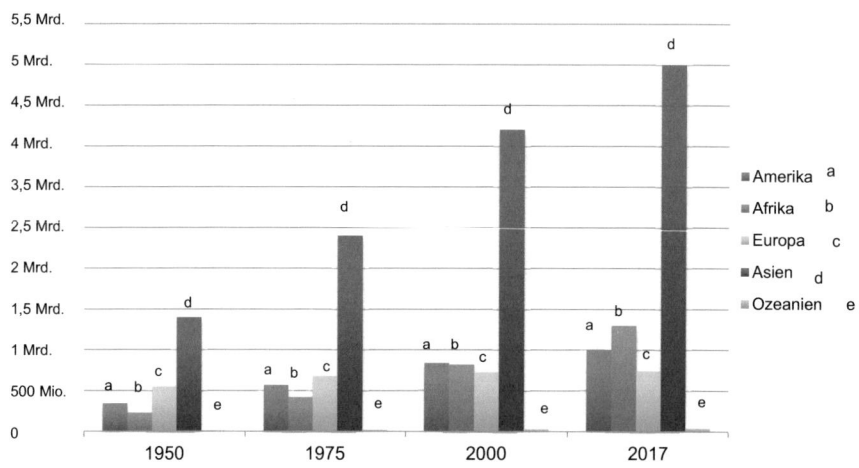

5.2 Hungerhotspots

Für das folgende Diagramm habe ich keine Alternative gefunden und daher habe ich ein Eigenes erstellt. Die Grundlage für das Diagramm ist der WHI[28] von 2016. Aus dem Diagramm lässt sich leicht ablesen, dass Menschen in den Ländern unterhalb der Sahara, im Moment am meisten am Hunger leiden.

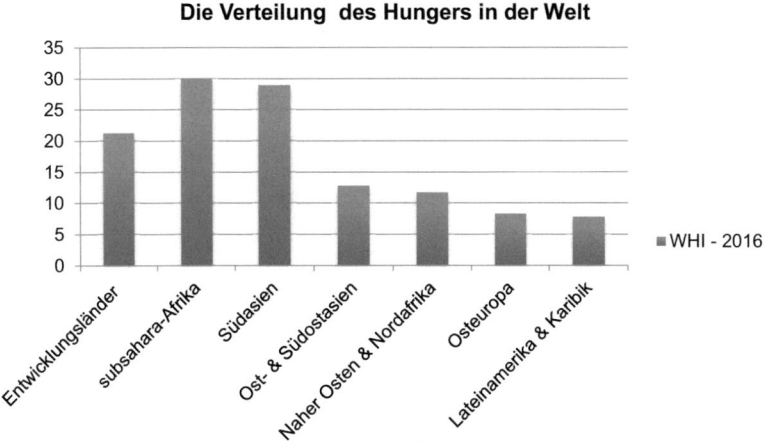

Die Verteilung des Hungers in der Welt

---

[28] WHI - Der Welthunger-Index ist ein Bericht, der jährlich im Oktober erscheint und die weltweite Entwicklung des Hungers beschreibt.

6. Quellenverzeichnis

Andersen, K., & Kuhn, K. (Regisseure). (2014). *Cowspiracy - Das Geheimnis der Nachhaltigkeit* [Dokumentarfilm].

Bethge, P., Glüsing, J., & Zand, B. (18. Februar 2017). Der Fake-Burger. *Der Spiegel*, S. 86-95.

Brot für die Welt. Abgerufen am 16. Oktober 2017 um 09:50 Uhr von https://www.brot-fuer-die-welt.de/themen/nachhaltigkeit-sdg/?gclid=Cj0KCQjw1JbPBRCrARIsAOKj2PkCRHnVzcNRCRxMObSYLqCjhuUPhw_m6Vo RVDsqzEMctsGnbSFyCy8aAuvDEALw_wcB

Caparrós, M. (30. November 2015). Der Hunger. *Aus Politik und Zeitgeschichte - APuZ*, S. 3-6.

christoffel blindenmission. Abgerufen am 16. Oktober 2017 um 10:00 Uhr von https://www.cbm.de/unsere-arbeit/themen/Kein-Hunger-499417.html

Deutsche Stiftung Weltbevölkerung - DSW. Abgerufen am 14. Oktober 2017 um 14:10 Uhr von https://www.dsw.org/unsere-themen/weltbevoelkerung/

Deutscher Bauernverband - DBV. (kein Datum). Abgerufen am 13. Oktober 2017 - Kapitel: 7.1 Agrarpreise und Agrarrohstoffmärkte von http://www.bauernverband.de/71-agrarpreise-und-agrarrohstoffmaerkte

Deutschlandfunk. (kein Datum). Abgerufen am 15. Oktober 2017 um 17:00 Uhr von http://www.deutschlandfunk.de/mit-gentechnik-gegen-den-hunger-der-welt.697.de.html?dram:article_id=249551

Elmer, C., & Farahani, D. (3. August 2015). *Spiegel Online*. Abgerufen am 14. Oktober 2017 um 15:40 Uhr von http://www.spiegel.de/wissenschaft/mensch/uno-prognose-so-entwickelt-sich-die-bevoelkerung-bis-2100-a-1046128.html

Engler, S., Bönisch, A., & Trost, E. (30. November 2015). Relevanz einer „neuen Nachhaltigkeit" im Kontext globaler Ernährungskrisen. *Aus Politik und Zeitgeschichte - APuZ* , S. 13-19.

gutzitiert. Abgerufen am 10. Oktober 2017 um 12:50 Uhr von https://www.gutzitiert.de/zitate_sprueche-hunger.html

Lerntippsammlung. Abgerufen am 14. Oktober 2017 um 16:30 Uhr von https://www.lerntippsammlung.de/Ursachen-des-Bev-oe-lkerungswachstums.html

MareMundi. Abgerufen am 15. Oktober 2017 um 19:00 Uhr von http://mare-mundi.eu/koennen-riesige-fischfarmen-im-meer-den-welthunger-bekaempfen/

Pawlak, B. (16. Oktober 2012). *Helles Köpfchen*. Abgerufen am 13. Oktober 2017 um 12:40 Uhr von https://www.helles-koepfchen.de/artikel/3037.html

PDF - Bundesministerium für Umwelt, Naturschutz und Reaktorsicherheit. (kein Datum). Abgerufen am 15. Oktober 2017 um 12:50 Uhr von

http://www.bmub.bund.de/fileadmin/Daten_BMU/Pools/Bildungsmaterialien/wasser_de_schu
eler.pdf

PDF Datei - Welthunger-Index 2016. Abgerufen am 14. Oktober 2017 um 19:00 Uhr von
http://www.welthungerhilfe.de/fileadmin/user_upload/Themen/Welthungerindex/WHI_2016/W
elthunger-Index-2016-Hunger-beenden-Zusammenfassung-Welthungerhilfe.pdf

statista. (2017). Abgerufen am 16. Oktober 2017 um 09:00 Uhr von
https://de.statista.com/statistik/daten/studie/1717/umfrage/prognose-zur-entwicklung-der-
weltbevoelkerung/

toonpool. Abgerufen am 31. August 2017 um 12:30 Uhr von
https://de.toonpool.com/cartoons/Hunger%20in%20der%20Welt_235343#

welthungerhilfe. Abgerufen am 16. Oktober 2017 um 09:20 Uhr von
http://www.welthungerhilfe.de/blog/es-reicht-fuer-
alle/11232360_10207717853241601_6079168499571167657_o/

World Food Programme. (kein Datum). Abgerufen am 15. Oktober 2017 um 16:00 Uhr von
http://de.wfp.org/hungersnot

Worldometers. Abgerufen am 14. Oktober 2017 um 15:20 von http://www.worldometers.info/

YouTube. (18. Mai 2016). Abgerufen am 15. Oktober 2017 um 18:10 Uhr von
https://www.youtube.com/watch?v=fMpTRjFvryU

Ziegler, J. (2011). *Wir lassen sie verhungern - Die Massenvernichtung in der dritten Welt.*
München: C. Bertelsmann Verlag.